# 자전거 안전 오르골

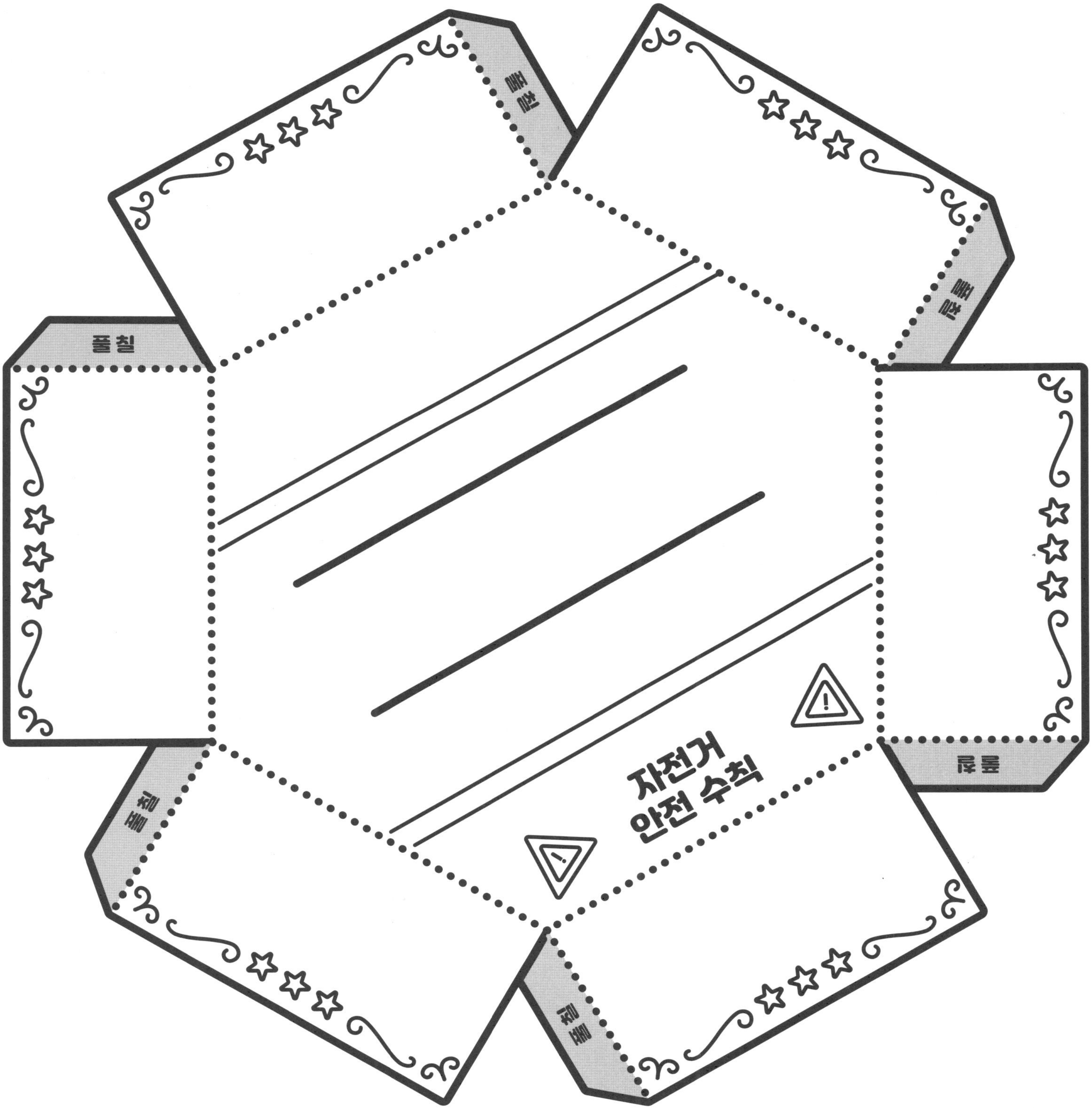

자전거 안전 수칙

## 만드는 법

1. 밑단 옆면에 자전거 안전 수칙을 적습니다.
2. 도안을 색칠하고 자릅니다.
3. 헬멧을 캐릭터 머리에 붙입니다.
4. 손잡이를 잘라서 밑단 구멍 사이로 통과시킵니다.
5. 지지대에 손잡이와 자전거를 붙입니다.
6. 밑단 옆면을 붙이고, 표지판을 붙입니다.

안으로 접는 선 ━ ━ ━ ━
밖으로 접는 선 ·············
자르는 선 ━━━✂

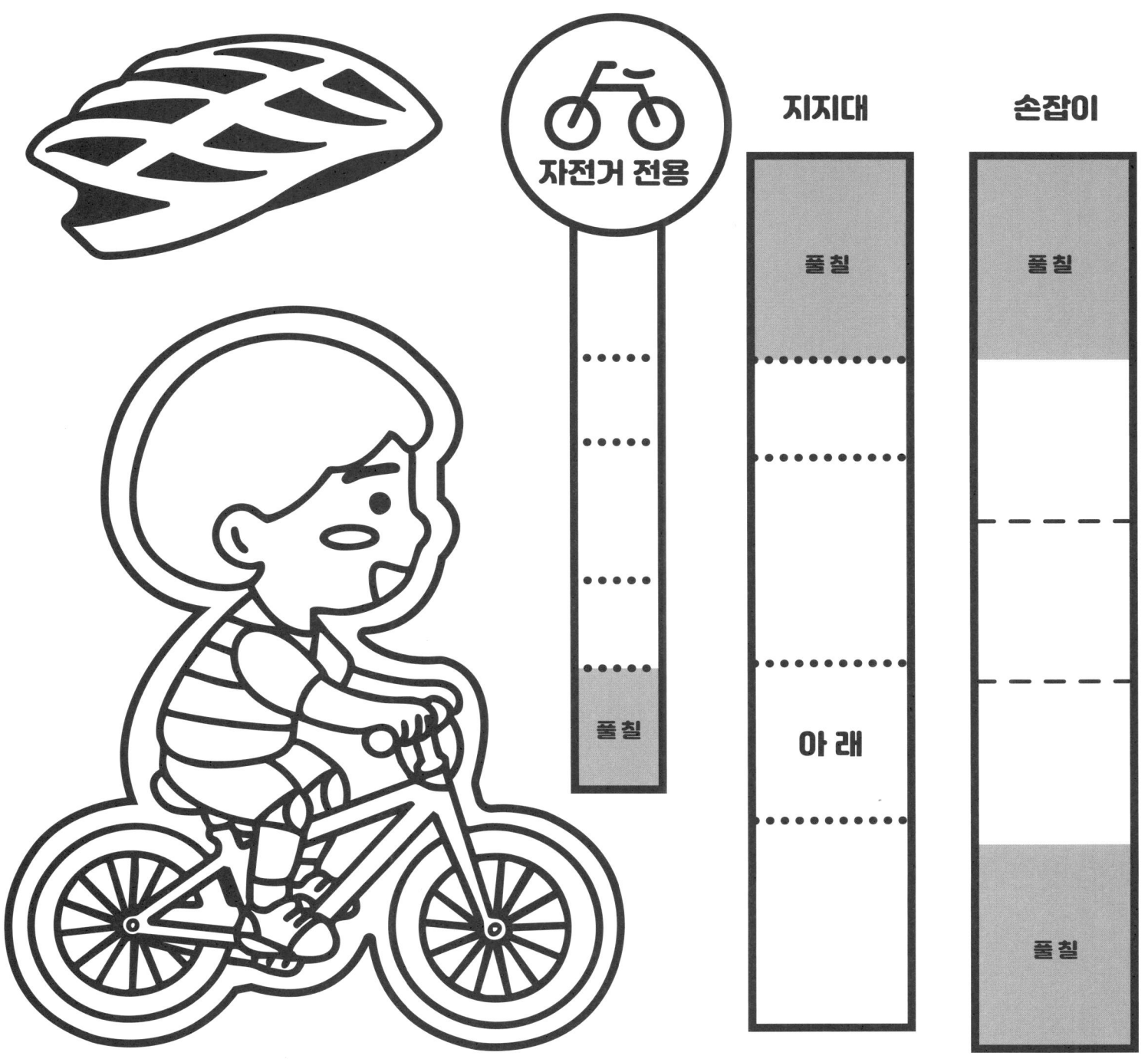

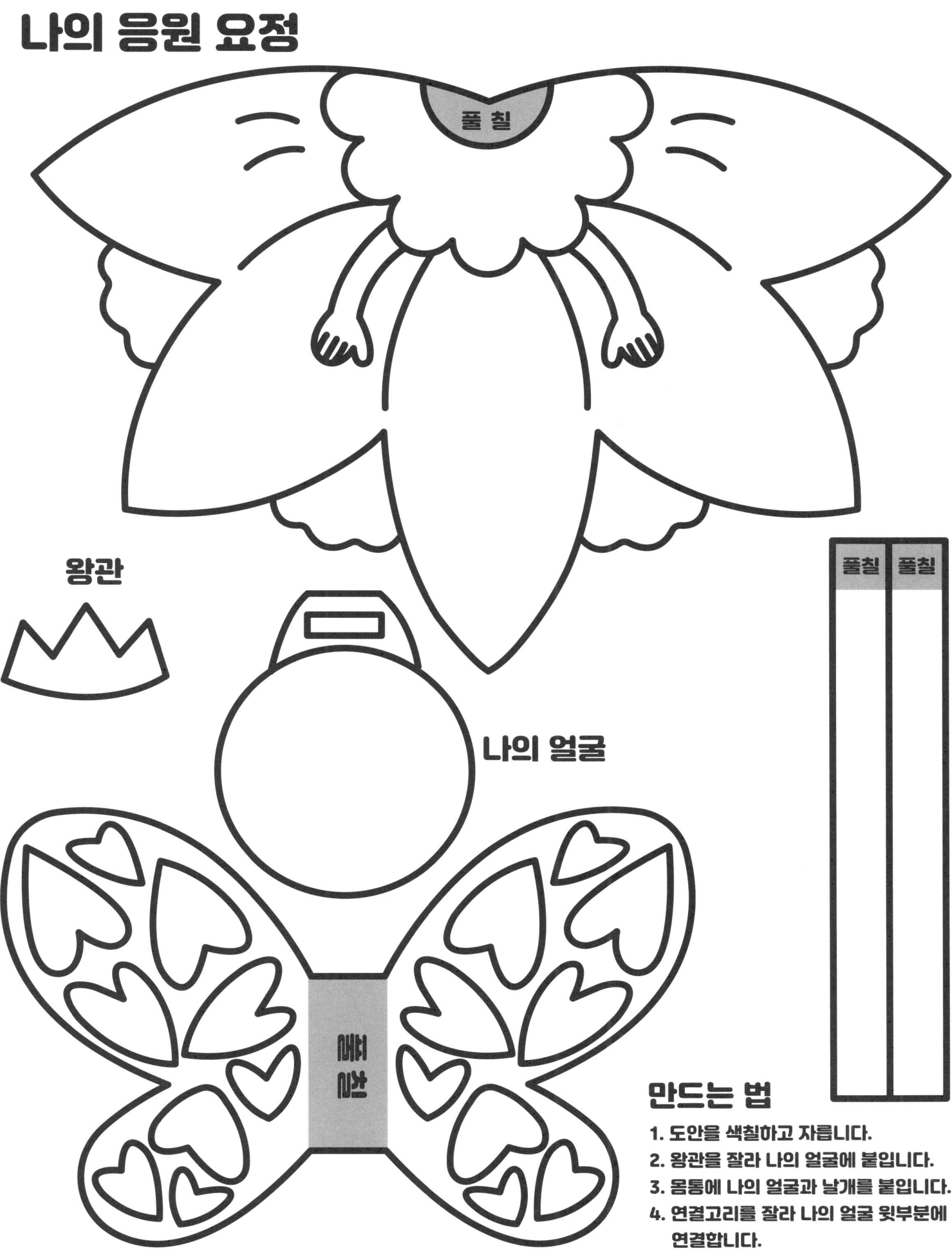

# '내가 꿈을 이룬다면' 계단

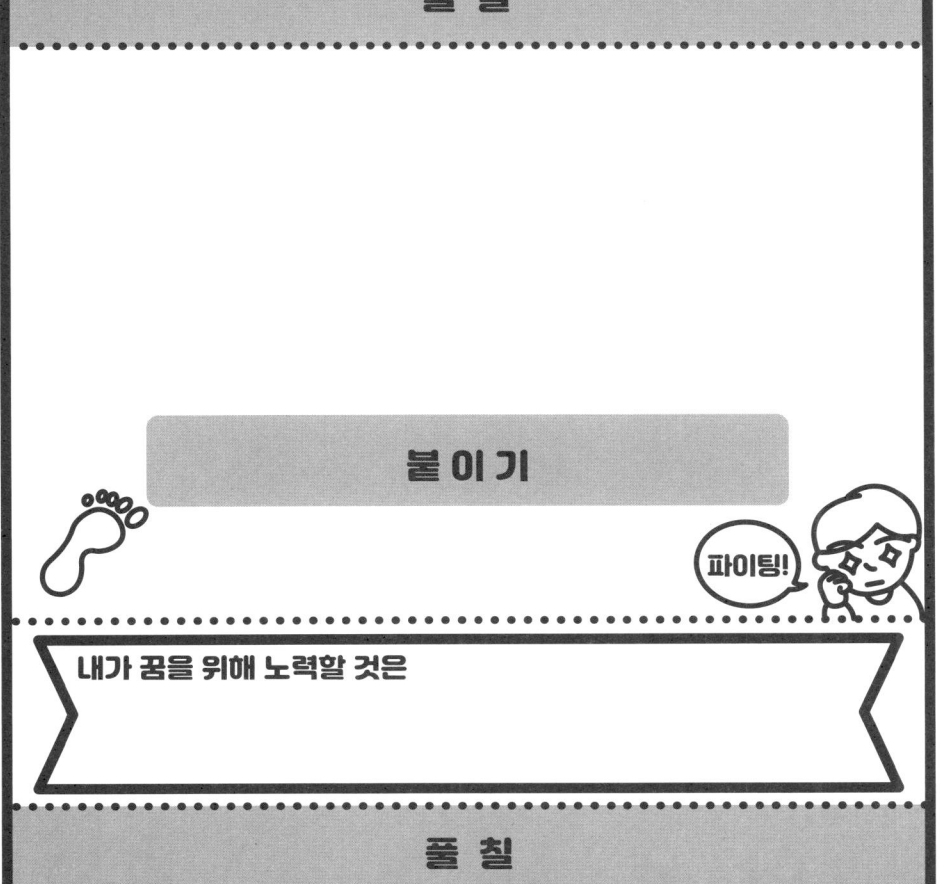
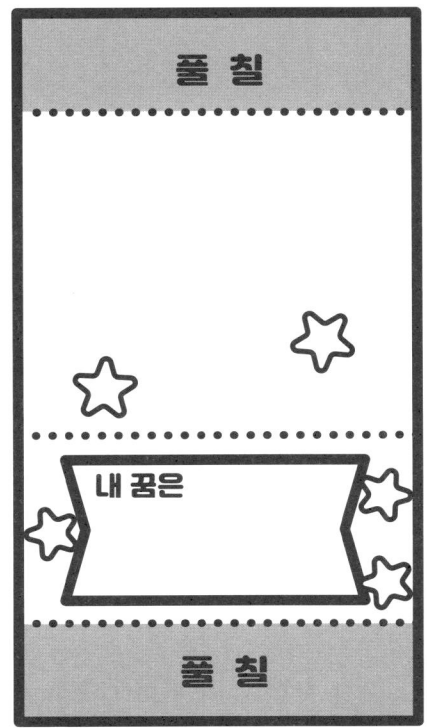

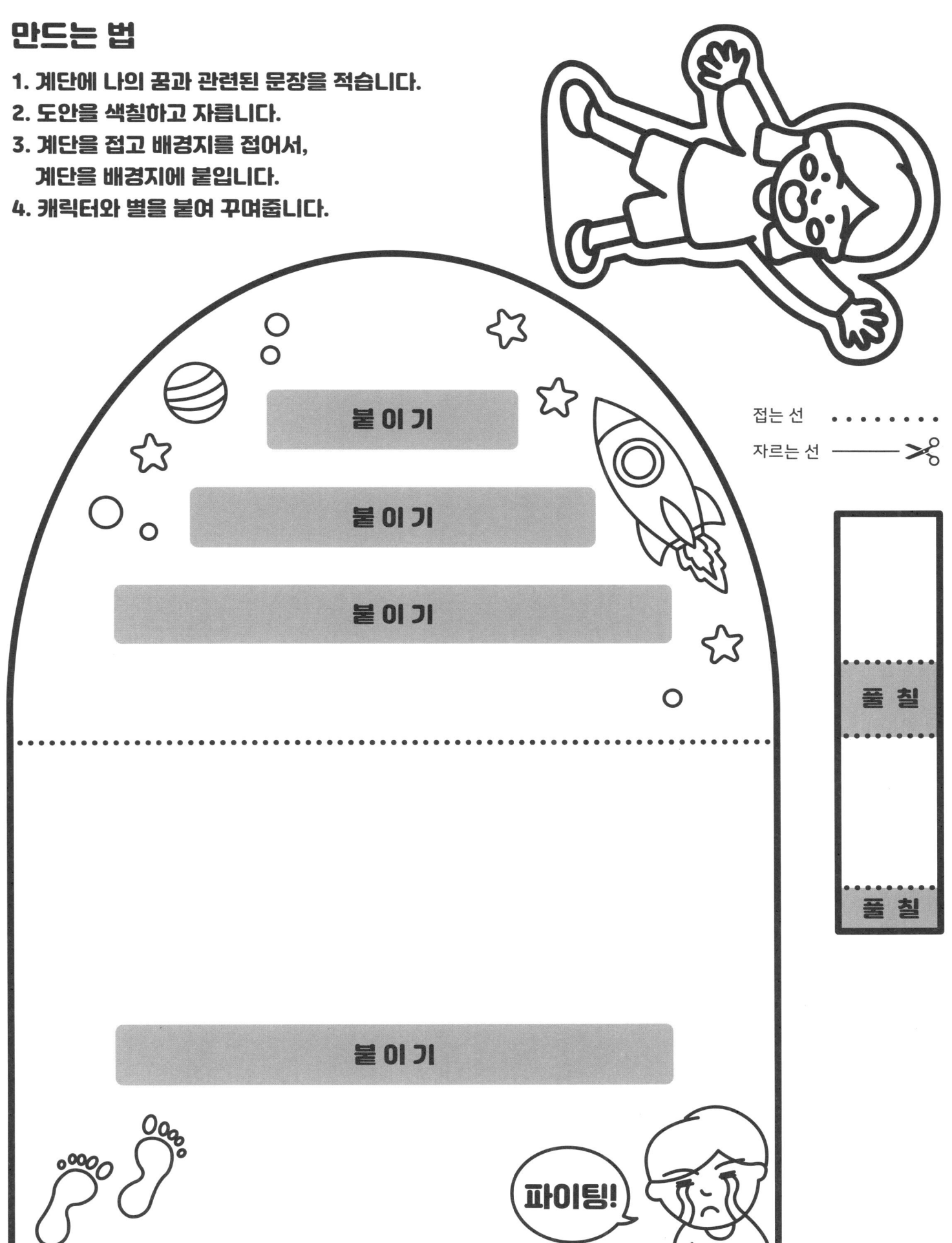

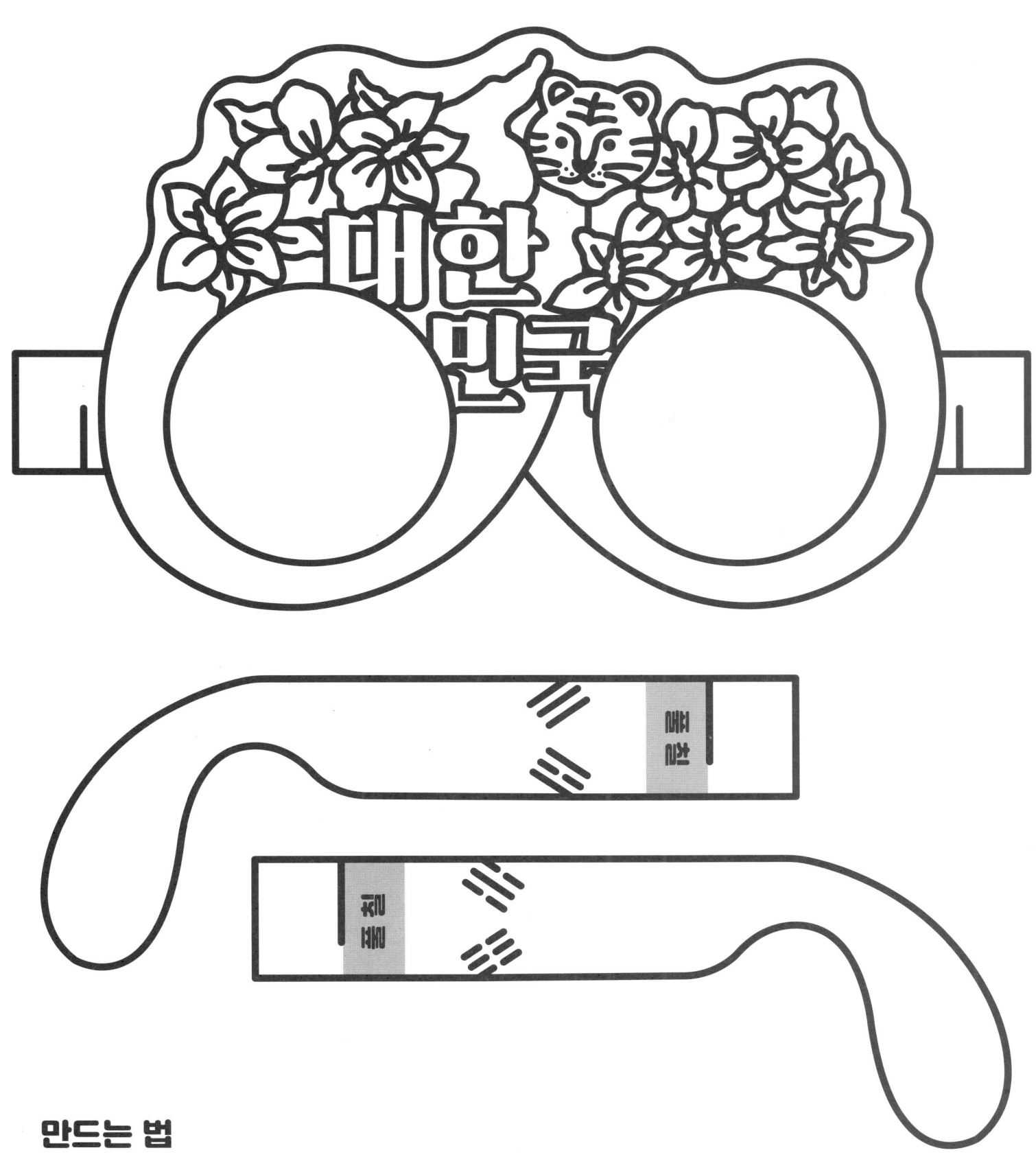

6-1. [인권] 아동 권리 팝업북

안으로 접는 선 --------
밖으로 접는 선 ••••••••••
자르는 선 ———✂

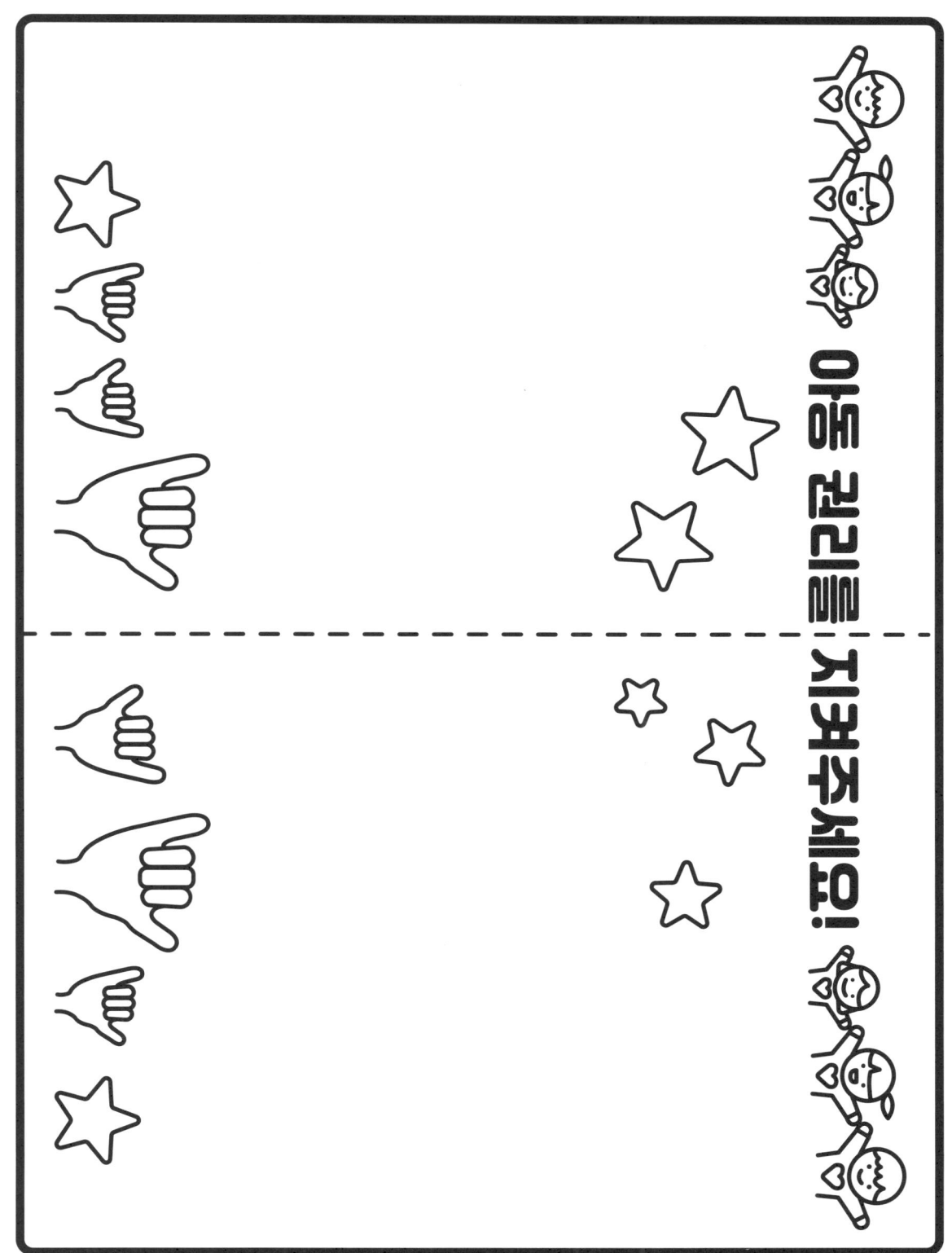

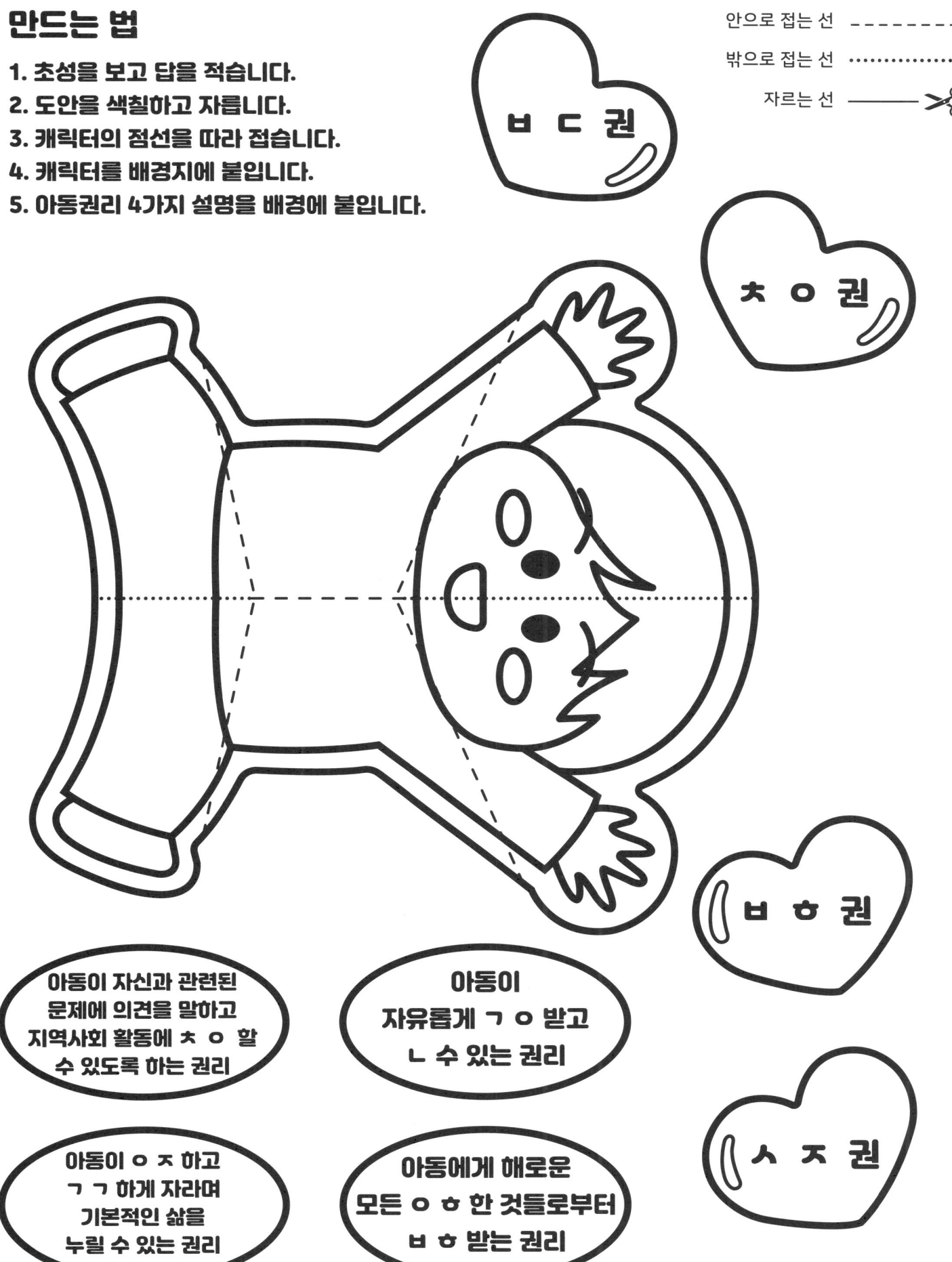

# 세계 음식 식탁 만드는 법

1. 세계 음식 중 6개를 고릅니다.
2. 도안을 색칠하고 자릅니다.
3. 탁자를 접고 붙입니다.
4. 탁자에 탁자 다리, 초, 세계 음식을 붙입니다.

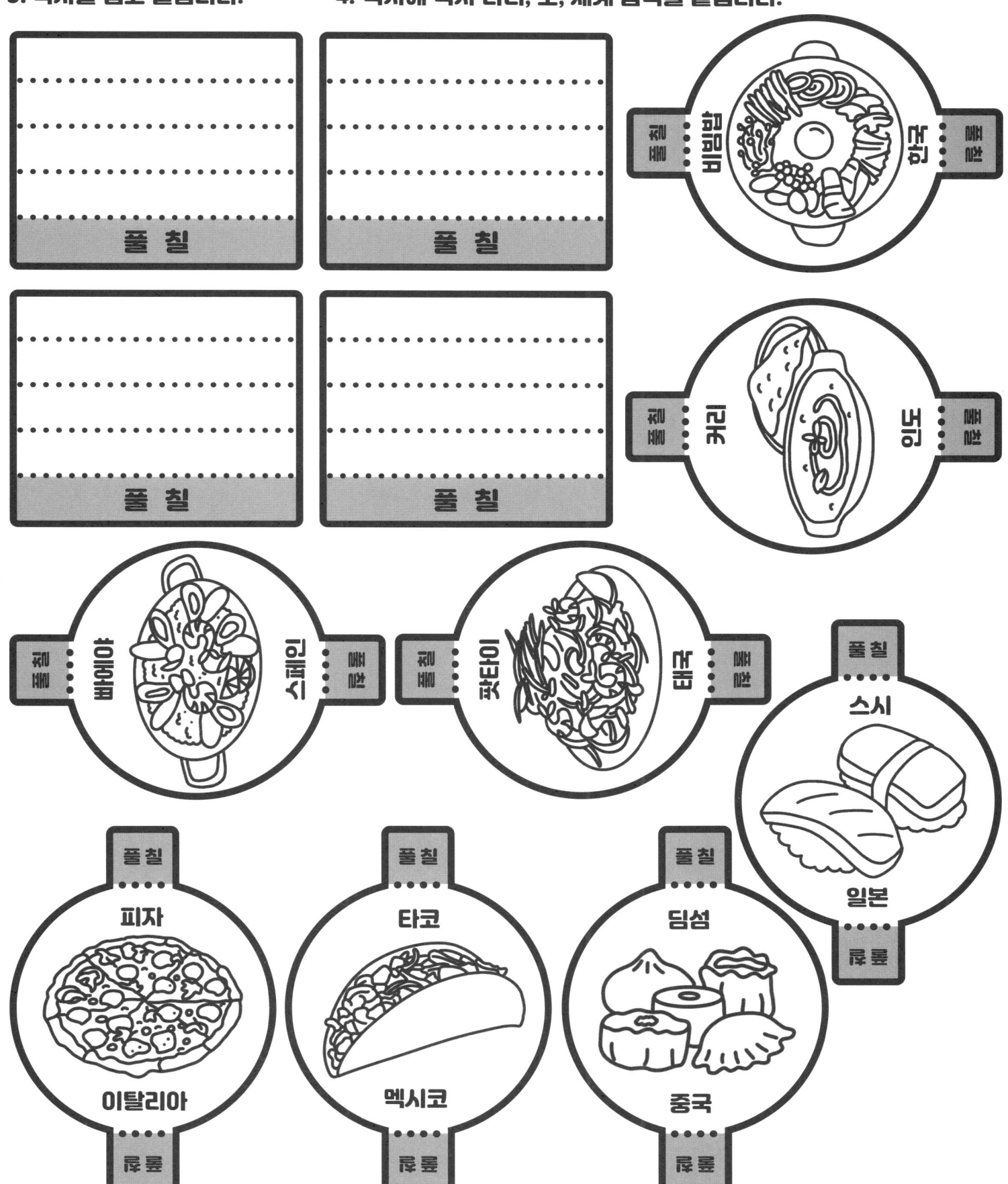

7-2. [다문화] 세계 음식 식탁

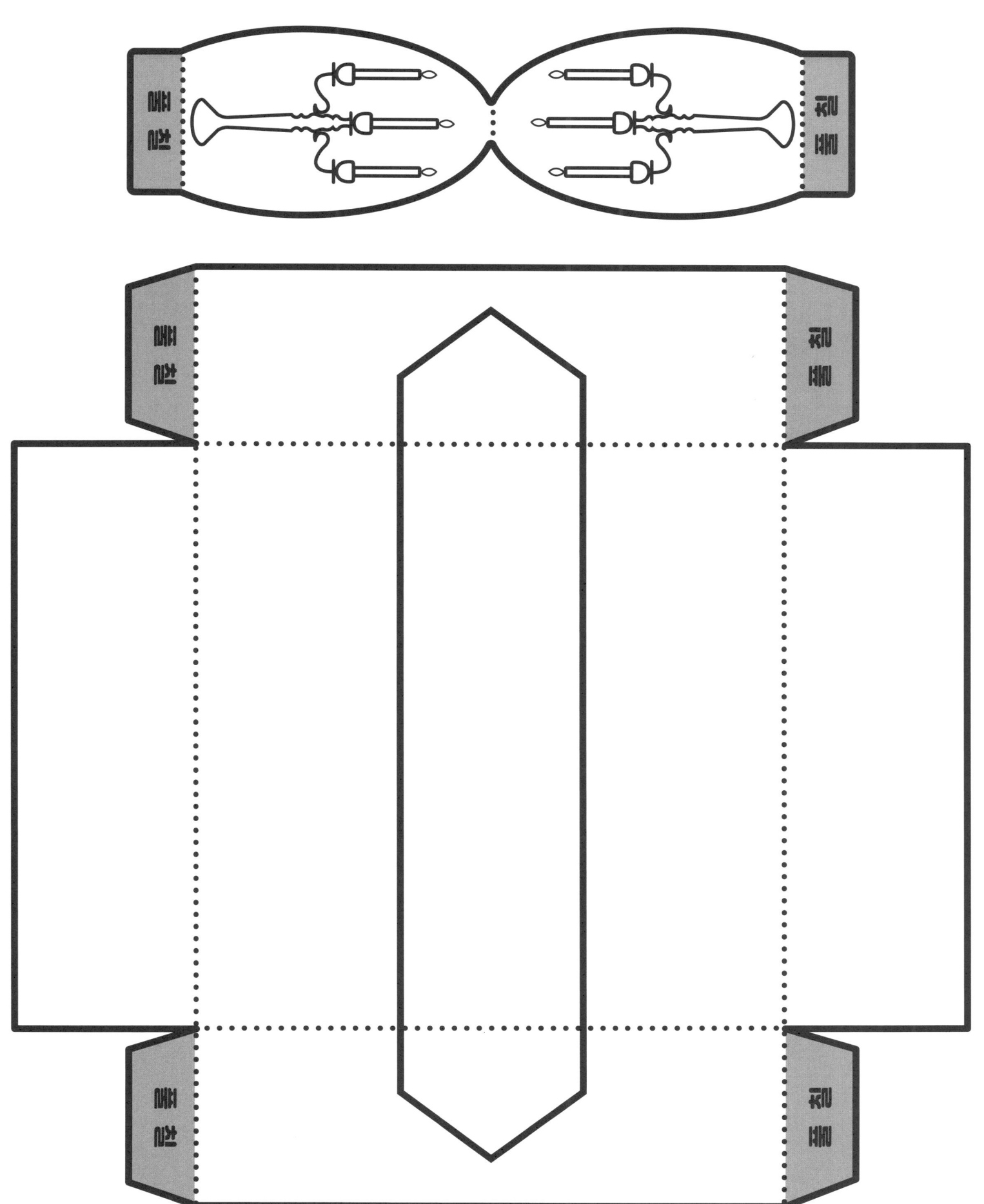

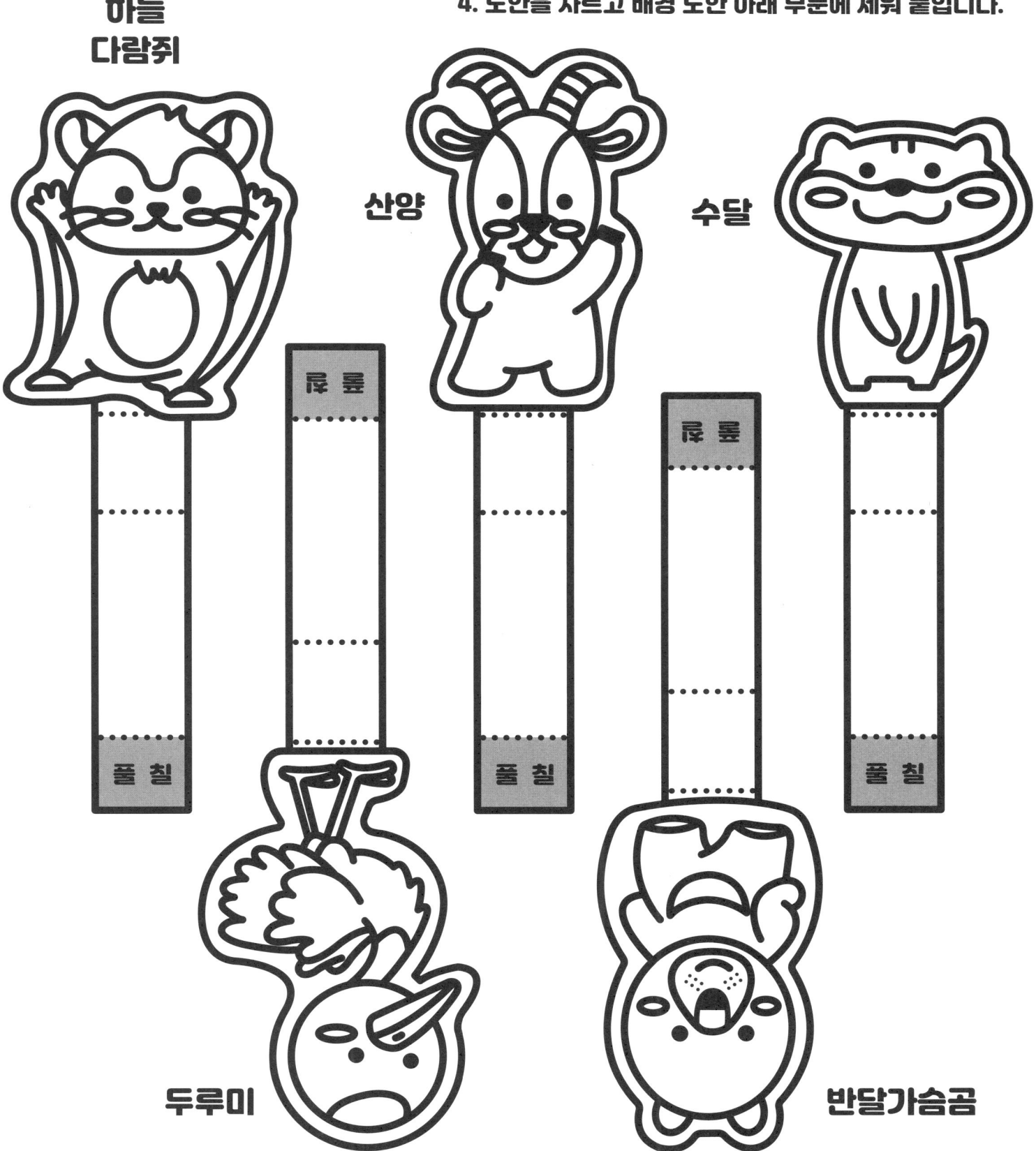

8-2. [통일+환경] DMZ 멸종위기동물

안으로 접는 선 --------
자르는 선 ——✂

# DMZ
## 통일 후에 DMZ의 모습을 상상해서 그려봅시다.

자르는 선 ✂

Copyright 2025. Edupongpong Friends All rights reserved.

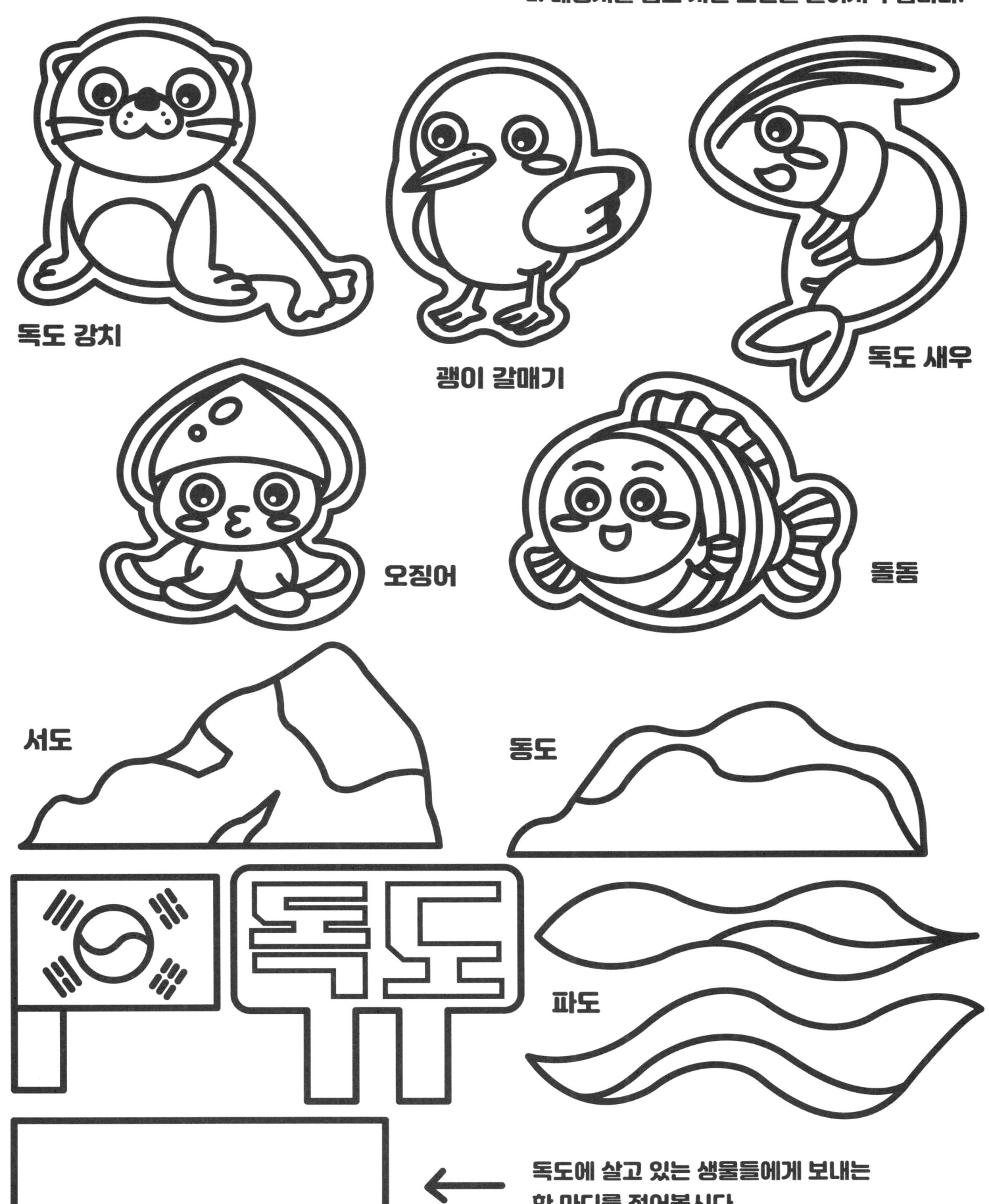

9-2. [독도] 독도를 지켜라

자르는 선

안으로 접는 선
밖으로 접는 선

자르는 선

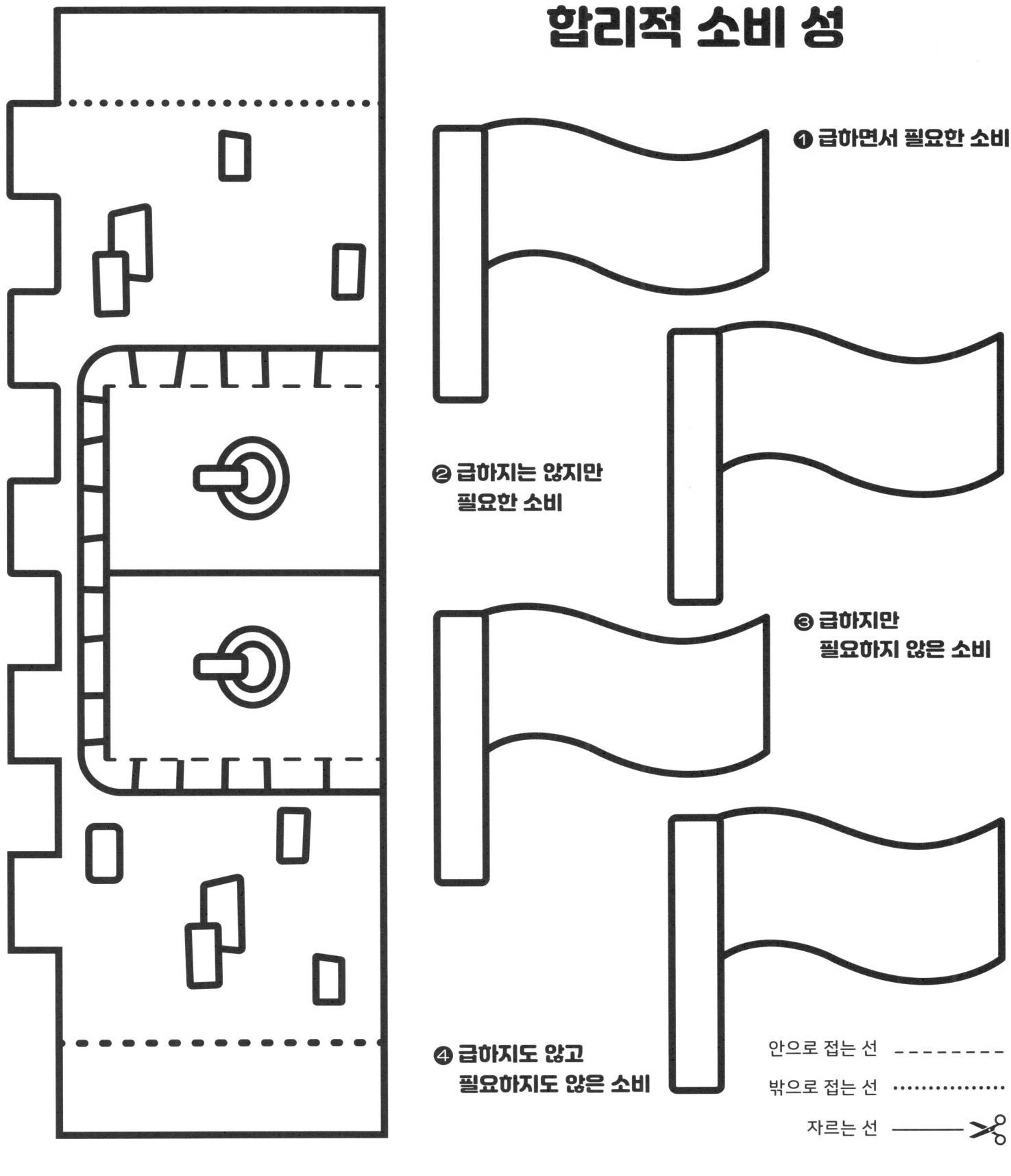

# 합리적 소비 성

❶ 급하면서 필요한 소비

❷ 급하지는 않지만 필요한 소비

❸ 급하지만 필요하지 않은 소비

❹ 급하지도 않고 필요하지도 않은 소비

안으로 접는 선 ---------
밖으로 접는 선 ················
자르는 선 ━━━✂

## 만드는 법

1. 도안을 색칠하고 자릅니다.
2. 깃발 안에 '합리적 소비 기준'을 적고, 성에 붙입니다.
3. 벽 도안을 자르고 꾸민 뒤, 성에 붙입니다.

✂ 자르는 선

10-2. [경제금융] 합리적 소비 성

안으로 접는 선 ------
자르는 선 ——✂

❶ 급하면서 필요한 소비

❷ 급하지는 않지만 필요한 소비

❸ 급하지만
   필요하지 않은 소비

❹ 급하지도 않고
   필요하지도 않은 소비

Copyright 2025. Edupongpong Friends All rights reserved.

## 만드는 법

1. 환경보호, 신재생 에너지에 대한 문구를 적습니다.
2. 도안을 색칠합니다.
3. 도안을 자르고 전등 모양을 만듭니다.
4. 태양광 패널, 동물들을 붙여 꾸밉니다.
5. 고리를 붙입니다.

밖으로 접는 선 · · · · · · ·
자르는 선 ───────